DK

MACH DICH STARK für eine BESSERE WELT

Text
Keilly Swift
Illustrationen
Rhys Jefferys

Kann ich die Welt verändern?

Die Erde

Wir alle wissen, dass die Erde unsere Hilfe braucht, ob beim Tierschutz oder gegen Umweltverschmutzung. **Auch du kannst die Umwelt schützen!**

Sicher, die Welt ist sehr groß und es passiert vieles, das wir nicht kontrollieren können. Doch jeder kann bei sich und mit kleinen Veränderungen anfangen, auch du. Vielleicht beeinflusst du mit deinen ersten Schritten eines Tages viele Menschen. Für den Anfang zählt nur eines: Egal, wer du bist oder wo du wohnst, du kannst immer etwas bewirken.

Aktivisten verbreiten ihre Botschaften in Broschüren und auf Plakaten.

Menschlichkeit

Sich für mehr Gerechtigkeit für alle einzusetzen, gehört zu den tollsten Dingen, die man tun kann. In diesem Buch erfährst du, **wie du selbst aktiv werden kannst!**

Bei Demonstrationen können viele Leute gemeinsam protestieren.

Die Gesellschaft

Alle Menschen auf der Welt bilden gemeinsam unsere Gesellschaft. Durch unser Verhalten prägen wir diese Gesellschaft. Wir alle tragen die Verantwortung für ein freundliches, rücksichtsvolles und hilfsbereites Miteinander.

Tierschutz

Tiere sind durch den Verlust ihres Lebensraums und den Klimawandel bedroht. Tierschutz bedeutet, das Überleben von Tieren zu sichern.

Du selbst

Damit du anderen helfen kannst, musst du oft erst dir selbst helfen. **Fang bei dir selbst an** und nutze die Kraft des positiven Denkens (nächste Seite).

Aktivist sein, heißt seine Stimme zu erheben.

Der Weg zu einer besseren Welt beginnt zu Hause bei deiner Familie.

Lehrer können dir bei Projekten an deiner Schule helfen.

Gemeinschaft

Jeder braucht das Gefühl, irgendwo dazuzugehören. Mach deine Schule, deine Nachbarschaft oder deine Heimatstadt **zu einem besseren Ort.**

Die Kraft des

Wähle die Sätze, die dir gefallen.

Ich trete für meine überzeugung ein.

Ich schaffe alles, was ich will.

Wenn du unsicher bist, sag dir selbst etwas Aufbauendes.

Ich bin mutig und selbstbewusst.

Wiederhole Sätze, die dir Selbstvertrauen geben.

Ich besiege meine ängste.

Ich kann die Dinge zum Besseren wenden.

Wenn du daran glaubst, dass du etwas schaffen kannst, dann schaffst du es auch.

Mit positivem Denken kannst du es schaffen, auch schwierige Ziele zu erreichen. Du übst es, indem du dir immer wieder einen Satz vorsagst, der dich in deinen Zielen bestärkt.

positiven Denkens

Ich werde immer besser.

Erinnere dich, was du erreichen willst.

Ich glaube an meine Ziele und Träume.

Meine Meinung zählt.

Ich wachse an Heraus-forderungen.

Manchmal geht auch etwas schief, aber lass dich nicht unterkriegen!

Bestätige dich jeden Tag selbst.

Mein Bestes ist gut genug.

Es ist okay, Fehler zu machen.

Allein kann ich die Welt nicht verändern, aber ich kann einen Stein ins Wasser werfen und dadurch viele Wellen erzeugen.

Mutter Teresa

Geteilte Meinungen

Wenn dir eine Sache sehr am Herzen liegt, möchtest du nicht, dass jemand anderer Meinung ist. Allerdings ist es wichtig, Dinge von verschiedenen Seiten zu betrachten, auch wenn du deine Meinung dabei nicht änderst.

Höre zu

Folge der anderen Person aufmerksam und falle ihr nicht ins Wort. Nimm ihre wichtigsten Aussagen in deine Antwort auf, um zu zeigen, dass du zugehört hast.

Sage deine Meinung

Beginne deine Antwort mit „Ich verstehe, was du meinst, aber ich denke anders darüber, weil …“. Wenn du unterbrochen wirst, bitte höflich darum, ausreden zu dürfen.

Zeige Respekt

Mach keine gemeinen Bemerkungen über die Ansichten der anderen Person. Versuche zu verstehen, warum sie so denkt. Vielleicht liegt es an bestimmten Erfahrungen, die sie gemacht hat.

Werde nicht persönlich

Bedenke, dass es nur um unterschiedliche Meinungen zu einer bestimmten Sache geht. Werde nicht böse auf die Person selbst und beleidige sie nicht.

Bleibe ruhig

Es kann schwierig sein, ruhig zu bleiben, wenn dir etwas am Herzen liegt. Mach eine Pause, wenn sich die Stimmung zu sehr aufheizt.

Eine Diskussion ist kein Wettkampf

Man muss am Ende nicht einer Meinung sein. Einander zuzuhören und verschiedene Ansichten anzuerkennen, führt zu einer freundlicheren, verständnisvolleren Welt.

So bist du ein **guter Freund**

Starke Freundschaften helfen uns durch schlechte Zeiten und machen gute Zeiten noch schöner. Hier findest du eine Anleitung, wie du deine Freunde unterstützen kannst.

Zeige deine Wertschätzung

Nimm dir Zeit, Danke zu sagen, vielleicht durch einen handgeschriebenen Brief.

Schließe niemanden aus

Es ist schön, zu einer Gruppe zu gehören, aber achte darauf, dass sich niemand ausgeschlossen oder gar gemobbt fühlt. Wenn du andere teilhaben lässt, werden sie das auch für dich tun.

Respektiere die Eigenheiten deiner Freunde

Achte die Eigenschaften, die deine Freunde zu etwas Besonderem machen, von ihrer Kultur bis hin zu ihren Hobbys und Interessen.

Unterstütze andere und höre zu

Ob man über ein Problem sprechen will oder Trost braucht, ein guter Freund ist in schweren Zeiten immer für einen da.

Sei hilfsbereit, wenn du kannst

Eine schwierige Aufgabe ist gemeinsam schneller erledigt. Dann bleibt mehr Zeit zum Spielen.

Stress in der Freundschaft

Auch die besten Freunde haben manchmal Auseinandersetzungen. Diese Tipps können helfen, Streit zu schlichten und die Freundschaft zu bewahren. Danach ist sie vielleicht stärker als zuvor.

Redet miteinander.

Sei **versöhnlich** und nicht nachtragend.

Bitte um **Entschuldigung**.

Versuche zu **verstehen,** warum du und dein Freund sich so verhalten haben.

Rede über deine Gefühle mit einem Erwachsenen.

Was ist Diskriminierung?

Diskriminierung ist, wenn jemand zum Beispiel aufgrund seiner Herkunft, Religion, Behinderung, seines Geschlechts, Alters oder anderer Besonderheiten ungerecht behandelt wird.

Warum gibt es Diskriminierung?

Manche Menschen diskriminieren andere gelegentlich, ohne es zu merken, oder auch bewusst, um sich selbst besser oder überlegen zu fühlen. Es kann eine Form des Mobbings sein.

Wie erkennt man sie?

Diskriminierung kann sich offen in bösartigem Verhalten oder versteckt in ungleicher Behandlung zeigen.

Was ist

Niemand darf andere ungerecht behandeln. Es ist wichtig zu verstehen, was Diskriminierung ist, denn sie kann viele Formen annehmen.

Weniger = Mehr

Eine Welt ohne Diskriminierung heißt weniger Hass und mehr Freude, weniger Gegeneinander und mehr Miteinander, weniger Ungerechtigkeit und mehr Gleichberechtigung!

Stereotyp

Ein Stereotyp ist die Vorstellung, dass alle Menschen einer Gruppe gleich sind. Zum Beispiel „alle Teenager sind faul“.

Vorurteil

Ein Vorurteil ist eine schlechte Meinung über jemanden, die nicht auf Tatsachen beruht, beispielsweise die Meinung, dass Menschen anderer Herkunft minderwertig sind.

Fehlendes Verständnis

Wenn Menschen nicht dazu ermutigt werden, Vielfalt wertzuschätzen, bekommen sie Angst vor Menschen, die anders sind als sie.

Falsche Annahmen

Ohne es zu bemerken, treffen Menschen Annahmen, die auf Stereotypen beruhen. Dann trauen sie Teenagern vielleicht nichts zu, weil sie denken, dass diese alle faul sind.

Hindernisse

Manchmal stehen Menschen mit Behinderungen im Alltag vor Hindernissen. So können Rollstuhlfahrer zum Beispiel keine Treppen benutzen.

Diskriminierung?

Wir müssen sie mit allen Mitteln bekämpfen und dafür sorgen, dass in unserer Gesellschaft alle Menschen gleichgestellt sind.

Stoppe das Mobbing

Was ist Mobbing?

Mobbing bezeichnet ein Verhalten, das darauf abzielt, jemand über längere Zeit körperlich oder seelisch zu verletzen. Menschen werden besonders oft wegen ihrer Herkunft, ihrer Religion oder ihres Aussehens gemobbt.

Hilfe!

Es gibt viele Möglichkeiten, sich Hilfe zu holen, sei es bei Erwachsenen oder bei speziellen Einrichtungen. Auch Lehrer sind gute Ansprechpartner. Habe Mut, um Hilfe zu bitten.

Wirst du gemobbt, denke daran, du bist nicht allein.

Lass uns Freunde sein

Wird man gemobbt, fühlt man sich einsam, hat Angst und ist traurig. Einem Betroffenen Freundschaft anzubieten, kann eine große Hilfe bedeuten.

Körperlich

Auch körperliche Angriffe wie Schlagen und Treten, jemanden schubsen oder bestehlen sind Formen des Mobbings.

Wenn du in einer Gruppe bist, achte darauf, dass ihr niemanden ausschließt und lass dich auf keinen Fall dazu überreden, selbst jemanden zu mobben.

Viele Menschen sind von Mobbing betroffen und sie leiden sehr darunter. Für einen Einzelnen ist es vielleicht schwer, einen Ausweg zu finden, doch gemeinsam ist es möglich.

Schau nicht weg!

Wenn du mitbekommst, dass jemand gemobbt wird, solltest du etwas unternehmen, aber bringe dich dabei nicht selbst in Gefahr. Auf jeden Fall solltest du das Mobbing melden.

Durch Worte

Mobbing mit Worten kann von Sticheleien über Beleidigungen bis hin zu Drohungen reichen.

Es tut gut, mit anderen über Mobbing zu sprechen.

Seelische Folgen

Mobbing kann ernste Folgen haben. Die Betroffenen kämpfen oft ihr ganzes Leben damit und leiden zum Beispiel unter Schlafstörungen, Angstzuständen, Depressionen oder starken Selbstzweifeln.

Warum wird gemobbt?

Es gibt oft Gründe, warum jemand andere mobbt. Vielleicht hat derjenige Probleme in der Familie oder wurde selbst gemobbt. Doch egal aus welchem Grund, Mobbing sollte immer gestoppt werden.

Cybermobbing, nein danke!

Cybermobbing – Beschimpfungen, Demütigungen oder sogar Drohungen über Handy oder Internet – ist manchmal schlimmer als Beleidigungen durch Mitschüler auf dem Pausenhof oder körperliche Angriffe auf dem Spielplatz. Hier erfährst du, warum und was du unternehmen kannst.

Rund um die Uhr

Sobald du online bist, kannst du Nachrichten empfangen – egal um welche Uhrzeit. Damit kann Cybermobbing jederzeit stattfinden. Ob abends im Kinderzimmer, beim Ausflug am Wochenende oder in den Ferien – jemand, der gemobbt wird, fühlt sich nirgends sicher. Was hilft? Schalte das Handy einfach mal ab und mach dich so unerreichbar.

Botschaft an alle?

Es ist oft praktisch, übers Handy Informationen zu teilen oder lustige Nachrichten an alle Freunde gleichzeitig zu versenden. Doch sei vorsichtig! Stelle keine Bilder ins Netz oder verschicke Filmchen, die dir später peinlich sein könnten. Und pass auf, wer dich in welcher Situation fotografiert oder filmt.

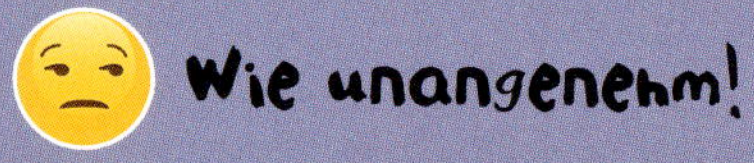

Unbekannter Täter

Im Internet kann vieles anonym passieren, das bedeutet, dass derjenige, der eine Nachricht schreibt, aber auch der, der sie empfängt, unbekannt bleibt. So weiß das Mobbingopfer nicht, wer die Gemeinheiten verbreitet. Umgekehrt musst du auch vorsichtig sein, mit wem du chattest. Du solltest immer wissen, wem du Geheimnisse und Bilder anvertraust.

Traue nie einem Unbekannten 😎

Was kannst du tun?

Eine Mitschülerin, ein Freund oder du selbst werden über das Internet gemobbt? Hier ein paar Tipps:

Da mach ich nicht mit!

Auch wenn es anfangs vielleicht lustig erscheint, überlege dir, wie du es empfinden würdest, wenn andere über dich spotten. Kein schönes Gefühl, oder?

Nur Mut!

Biete deine Hilfe an, unterstütze die betroffene Person. Das gibt ihr Kraft und sie fühlt sich nicht mehr allein. Am besten ihr redet mit demjenigen, der sich unfair verhält.

Vertrauen

Sprich mit deinen Eltern oder einem Lehrer über das Problem. Du kannst dir sicher sein: Danach geht es dir besser und du fühlst dich nicht mehr so allein.

Unvergessen

Eine peinliche Situation im Klassenzimmer gerät nach ein paar Tagen in Vergessenheit. Doch im Gegensatz zu Menschen vergisst das Internet nichts. Noch Jahre später kann jeder sehen oder lesen, was irgendwann mal dort veröffentlicht wurde. Du kannst bestimmte Kontakte auch dem Anbieter melden und sperren oder blockieren lassen.

§ Mobbing ist strafbar!

Sammle Beweise

Speichert die beleidigenden Fotos und Nachrichten. Wenn ihr Belege habt und wisst, wer hinter der Mobbingattacke steckt, könnt ihr bei schlimmen Fällen sogar Anzeige erstatten.

Weg damit!

Du hast das Recht, dass beleidigende Fotos oder Texte gegen dich im Internet gelöscht werden. Schreibe den Webseitenbetreiber an, damit er dies für dich erledigt.

Lesen macht stark

Gut, dass bei uns jedes Kind in die Schule gehen darf. Dort lernst du viele spannende Dinge, die dir im späteren Leben und Beruf nützlich sein werden. Das meiste davon und noch viel mehr Wissen findest du in Büchern. Also: Nutze die Gelegenheit, denn lesen macht schlau!

Wissen ist wertvoll

In jedem Buch steht etwas Neues. Manchmal ist es eine unbekannte Geschichte, manchmal sind es neue Informationen, die du erhältst. Auf jeden Fall lernst du mit jedem Buch ein wenig hinzu.

Voller Fantasie

Bücher verleihen Flügel in eine andere Welt. Das kann nicht nur entspannend sein, sondern bringt dich auch selbst auf neue, kreative Ideen.

Das ist meine Meinung!

Je mehr du über ein Thema weißt, umso besser kannst du dir eine eigene Meinung bilden. Das macht dich unabhängig und stärkt dein Selbstbewusstsein!

Sport für den Kopf

Durch Lesen kannst du neue Wörter lernen, besser schreiben lernen und dein Gedächtnis trainieren.

Libro

Livre

Liest du mir was vor?

Sicher hast du es geliebt, wenn dir deine Mutter oder dein Vater vorgelesen haben. Inzwischen kannst du selbst anderen vorlesen. Veranstalte doch mal einen Lesenachmittag in deiner Nachbarschaft, im Seniorenheim oder in der Bücherei.

Manchmal kommt auch ein Bücherbus vor die Schule – eine Bücherei auf Rädern!

Bücher überall

Bücher gibt es häufig sogar kostenfrei! Hast du bereits einen Ausweis für die Bücherei in deinem Ort oder an deiner Schule? Es gibt auch Bücherschränke an vielen öffentlichen Plätzen, wo man Bücher einstellen und tauschen kann.

Komm, wir lesen gemeinsam!

Hast du schon einmal überlegt, mit Freunden einen Buchclub zu gründen? Ihr könntet Bücher austauschen und über eure Lieblingsbücher sprechen.

Mehr im Museum

Museen sind tolle Orte, um weiterzuforschen und Neues zu entdecken! Es gibt Museen zu allen Themen und häufig bieten sie besondere Aktionen oder Führungen für Kinder an. Mach dich auf den Weg!

Was ist eine Gemeinschaft?

Eine Gemeinschaft ist eine Gruppe von Menschen, die sich zusammengehörig fühlt. Sie bildet sich zwischen Personen, die etwas miteinander gemeinsam haben oder ein gemeinsames Projekt oder Ziel verfolgen.

Vereine und Kurse

Es ist toll, Freunde mit gleichen Interessen zu finden. In einem Verein oder einem Kurs kannst du deine Hobbys mit anderen teilen, egal ob du gern zeichnest oder lieber Sport machst.

Nachbarschafts-aktionen

Es ist einfach, in deiner direkten Umgebung zu beginnen und diese damit positiv zu verändern. Gemeinsam Müll zu sammeln ist zum Beispiel gut für die Umwelt und für das Gemeinschaftsgefühl.

Ehrenamt

Bei einem Ehrenamt arbeitet man nicht für Geld, sondern freiwillig, um zu helfen. Auch du kannst dich engagieren, indem du im Altersheim alte, einsame Menschen besuchst oder im Tierheim einen Hund ausführst.

Freundschaft

Freundschaft zwischen den Generationen stärkt eine Gemeinschaft.

Jugendtreff

Egal ob in religiösen oder städtischen Einrichtungen, bei organisierten Jugendtreffs gibt es die Möglichkeit, sich über die gemeinsame Kultur oder auch den gemeinsamen Glauben auszutauschen. Das verbindet und gibt vielen Menschen Kraft.

Tauschen und Teilen

Bei Straßenflohmärkten oder Tauschbörsen kann man tolle Dinge erstehen, die ein anderer nicht mehr braucht, die aber für einen selbst sehr nützlich oder einfach nur schön sind. So gelingt es gleichzeitig, Ressourcen zu sparen und miteinander in Kontakt zu kommen.

Tutorengruppen

Auch an deiner Schule gibt es womöglich Tutoren – ältere Schüler, die sich um die jüngeren kümmern, mit ihnen spielen oder Nachhilfe geben. Das hilft, die Gemeinschaft an der Schule zu fördern.

10. Dezember

Tag der Menschenrechte

Aktive junge Leute

Ein Recht auf Bildung

„Ein Kind, ein Lehrer, ein Buch und ein Stift können die Welt verändern. Bildung ist die einzige Lösung." – Malala im Jahr 2013 vor der UN-Jugendversammlung

Malala Yousafzai

Malala stammt aus Pakistan und setzt sich für Bildung für alle ein. Jemand, der gegen Schulbildung für Mädchen war, schoss auf sie. Doch Malala überlebte und wurde später die jüngste Friedensnobelpreisträgerin aller Zeiten.

Greta Thunberg

Die schwedische Klimaaktivistin Greta Thunberg hat weltweit zu Schulstreiks gegen den Klimawandel angeregt. Sie sagt, ihr Asperger-Syndrom hilft ihr, anders zu denken.

Stoppt den Klimawandel

„Es ist noch nicht zu spät etwas zu tun. Es braucht Weitblick und es braucht Mut." – Greta in ihrer Rede vor dem Europaparlament 2019

Egal wie alt du bist, du kannst dazu beitragen, die Welt zu verbessern. Hier sind einige junge Aktivisten, die bekannt geworden sind, weil sie ihre Stimme für ihr Anliegen erheben und andere zu ähnlichem Tun inspirieren.

Erhebt die Stimme für Kinder

„Ich werde für die Millionen von Kindern und jungen Leuten sprechen, die zum Schweigen gebracht wurden."
Millie, 2018

Millie Bobby Brown

Als bekannte Schauspielerin hat Millie entschieden, ihren Ruhm für einen guten Zweck zu nutzen. Sie ist die jüngste UNICEF-Botschafterin aller Zeiten und setzt sich weltweit für die Rechte von Kindern ein.

Anders sein ist wundervoll

Schuyler Bailer

Schuyler ist der erste transsexuelle Profi-Schwimmer in den USA. Transsexuell sein bedeutet, dass man sich nicht dem Geschlecht zugehörig fühlt, mit dem man geboren wird. Schuyler wurde zwar mit einem weiblichen Körper geboren, lebt aber jetzt als Mann. Er erhielt Preise für seinen Aktivismus und seine sportlichen Leistungen.

Nikki Christou

Nikki wurde mit der seltenen Krankheit AVM (arteriovenöse Malformation) geboren, die sich auf ihr Aussehen auswirkt. Sie begann unter dem Namen Nikki Lilly einen Video-Blog, um zu zeigen, dass es in Ordnung ist, anders zu sein.

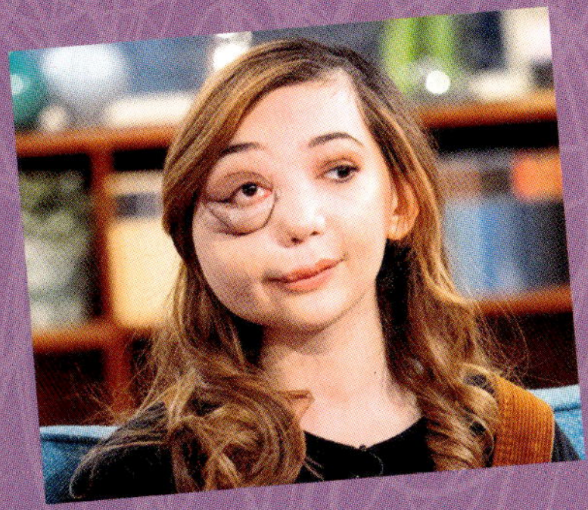

Grüne Helden

Jedes Jahr feiern an diesem Tag Menschen auf der ganzen Welt die Schönheit und Kraft der Natur.

Erhaltet die Natur

„Je klarer wir unsere Aufmerksamkeit auf die Wunder und die Realitäten des uns umgebenden Universums richten können, desto weniger Zerstörungslust werden wir empfinden.“

Feiert unseren Planeten

„Die Natur ist die größte Quelle menschlicher Begeisterung. Sie ist die Quelle von so vielem, was das Leben lebenswert macht.“

Rachel Carson

Das 1962 erschienene Buch *Der stumme Frühling* der Meeresbiologin Carson zeigte die Gefahren chemischer Pestizide auf und führte zur Gründung der amerikanischen Umweltschutzbehörde.

Sir David Attenborough

Durch Fernsehsendungen wie *Der blaue Planet* hat Attenborough Millionen von Menschen dazu gebracht, mehr auf die Natur zu achten.

Umweltaktivisten erinnern uns daran, wie wichtig es ist, unseren Planeten zu schützen. Jeder Einzelne kann einen großen Beitrag leisten!

Wagt Veränderung

„Du kannst nicht die Umwelt schützen, ohne die Menschen zu beteiligen. Du [musst] ihnen helfen zu verstehen, dass diese Ressourcen ihnen gehören."

Wangari Maathai

Maathai gründete die Organisation Green Belt Movement, die kenianischen Frauen hilft, durch das Pflanzen von Bäumen ihr Leben zu verbessern. Sie haben schon über 51 Millionen davon gepflanzt!

Die Erde schützen

Chico Mendez

Im Kampf gegen die Abholzung des brasilianischen Regenwalds führte der tapfere Gemeindeaktivist Chico Mendez eine Gruppe von Arbeitern auf einer Kautschukplantage an.

Vandana Shiva

Zum Schutz der Erde gründete die Wissenschaftlerin ein Programm zur Förderung ökologischer Landwirtschaft und des Anbaus verschiedener Feldfrüchte.

Felix Finkbeiner

Mit 9 Jahren hielt Felix Finkbeiner ein Referat über den Klimawandel und gründete danach Plant-for-the-Planet. Heute engagieren sich weltweit Kinder und Jugendliche in der Organisation.

Finde dein Ziel

Es gibt so viele Ziele, für die es sich zu kämpfen lohnt. Wo soll man da anfangen? Mit diesem Test kannst du herausfinden, was dir am meisten am Herzen liegt.

1 Was möchtest du werden, wenn du groß bist?

A. Tierarzt
B. Lehrer oder Arzt
C. Autor oder Künstler
D. Wissenschaftler

2 Welches Haustier hättest du am liebsten?

A. Ein Pferd
B. Einen Hund
C. Gar keines
D. Tiere gehören in die Wildnis.

3 Welches dieser Dinge würdest du am ehesten aufgeben?

A. Fleisch und Fisch essen.
B. Zur Schule gefahren werden.
C. Die neusten Turnschuhe tragen.
D. Mit dem Flugzeug an aufregende Orte fliegen.

4 Wenn du alle dazu bringen könntest, nur EINE Sache zum Besseren zu verändern, was wäre das?

A. Vegetarier werden.
B. Müll in den Mülleimer werfen.
C. Obdachlosen und Flüchtlingen helfen.
D. Kein Plastik mehr benutzen.

5 Welches Bild würdest du dir an die Wand hängen?

A. Ein Hundebaby
B. Ein Bild von dir und einem Freund
C. Ein Poster von einem berühmten Sportler
D. Ein Foto der Erde aus dem All

6 Wenn du in die Vergangenheit reisen könntest, welche Zeit würdest du besuchen?

A. Das Zeitalter der Dinosaurier
B. Die Zeit der allerersten Menschen
C. Die Epoche des alten Ägyptens
D. Die Zeit der Mondlandungen

7

Wenn nur EINS dieser Dinge erfunden werden könnte, welches sollte es sein?

- **A.** Holographische Haustiere, damit du einen Tiger halten könntest.
- **B.** Teleportation, um jeden deiner Freunde im Handumdrehen zu besuchen.
- **C.** Ein Rucksack mit unendlich Platz, in den all deine Sachen hineinpassen.
- **D.** Schwebebretter oder Besen, um fliegen zu können.

8

Welches dieser Menschenrechte ist dir am wichtigsten?

- **A.** Das Recht zu spielen.
- **B.** Das Recht auf eine eigene Meinung.
- **C.** Das Recht deine Freunde auszusuchen.
- **D.** Das Recht auf gesundes Essen und sauberes Wasser.

9

Was ist dein Lieblingsfach?

- **A.** Naturwissenschaften
- **B.** Kunst
- **C.** Geschichte
- **D.** Geografie

10

Von welchem Urlaub träumst du?

- **A.** Die Tiere im afrikanischen Serengeti Nationalpark zu sehen.
- **B.** Eine Woche eine Großstadt wie New York oder Singapur zu besichtigen.
- **C.** Freunde an einem neuen Ort zu finden.
- **D.** Eine umweltfreundliche Reise zum Great-Barrier-Riff in Australien zu unternehmen.

Meistens A

Deine Leidenschaft gilt Tieren aller Art, vom Ameisenbär bis zum Zebra. Deshalb wärst du ein toller **Tierrechtsaktivist.**

Meistens B

Du bist gesellig, neugierig und findest immer Wege, damit die Menschen sich in deinem Umfeld wohlfühlen. Du könntest erfolgreicher **Gemeindeaktivist** werden.

Meistens C

Du sorgst dich sehr um die Probleme der Menschheit und wärst ein fantastischer **Menschenrechtsaktivist.**

Meistens D

Du siehst die Notwendigkeit, unseren Planeten zu schützen und den Klimawandel aufzuhalten. Du wärst ein großartiger **Umweltaktivist.**

Wenn du die Welt verbessern möchtest, ist es vor allem wichtig, dass du nicht aufgibst. Hab keine Angst davor, Fehler zu machen. Deine Generation hat die Macht, Dinge zu verändern. Deine Stimme zählt, und du bestimmst, wie die Zukunft aussehen wird.

Register

Bildnachweis

Der Verlag dankt folgenden Personen und Institutionen für die freundliche Genehmigung zum Abdruck von Fotos:

(Abkürzungen: o = oben; u = unten; m = Mitte; g = ganz; l = links; r = rechts)

6–7 123RF.com: Vassiliy Prikhodko (Hintergrund). **9 Dreamstime.com:** Axstokes (ol). **10–11 Dreamstime.com:** Mishoo (Himmel). **14 123RF.com:** Dmitrii Starkov (ul). **15 123RF.com:** Dmitrii Starkov (mo/Emoticon). **Dreamstime.com:** Axstokes (ol). **17 Bücherhallen Hamburg** (gmro). **18 Dreamstime.com:** Monkey Business Images (um); Pressmaster (mul). **19 Alamy Stock Photo:** BSIP SA (mo). **20 Getty Images:** Fairfax Media (ul); John van Hasselt / Corbis (ur). **21 Getty Images:** Emma McIntyre / KCA2018 (ul); The Washington Post (mro). **Rex by Shutterstock:** Ken McKay / ITV / Shutterstock (ur). **22 Alamy Stock Photo:** Jeff Gilbert (ur). **Getty Images:** CBS (ul). **23 Getty Images:** AFP Contributor (ul); Antonio Scorza (or); Amanda Edwards (mru); **26–27 naturepl.com:** Wild Wonders of Europe / Bartocha (Hintergrund).

Alle anderen Abbildungen
© Dorling Kindersley
Weitere Informationen
unter www.dkimages.com

Impressum

Arnulfstraße 124, 80636 München
b2b@dk-germany.de
Ein Unternehmen der Penguin Random House Group
Genehmigte Sonderausgabe 2021
Bereich B2B & Kooperationen
970311 – 22384 – 01
Druck und Bindung:
TBB, a.s., Partizánska cesta 59,
974 01 Banská Bystrica, Slovakia
138204/12

Die Inhalte dieser Sonderausgabe stammen aus folgendem Originaltitel:
Mach dich stark für eine bessere Welt
ISBN: 978-3-8310-4092-6

FSC® www.fsc.org
MIX
Aus verantwortungsvollen Quellen
FSC® C022120

DK

Lesestoff für

Alles über Wetter, Klima und Erderwärmung.
Mit farbenfrohen Illustrationen visuell ansprechend und greifbar für Kinder erklärt.
Ab 7 Jahren
€ 12,95 (D) / € 13,40 (A)
ISBN 978-3-8310-4137-4

Mitmachbuch über die Zukunft der Erde.
Mit spannenden Kinderfragen und kreativen Experimenten.
Ab 8 Jahren
€ 19,95 (D) / € 20,60 (A)
ISBN 978-3-8310-4070-4

www.dk-verlag.de